태 경
WITH
PIANO
뉴에이지 레퍼토리

score♪

드디어 기다리던 '태경 뉴에이지 연주곡집이' 나왔습니다.

1집, 2집, 3집을 내면서 많은 분들이 악보는 없는지 많은 문의를 주셔서

어떻게 할까 고민중에 연주곡집으로 내기로 다짐했어요.

피아노 곡으로 여러분의 마음을 따뜻하게 데워드리고

작게나마 위로를 해드리고 싶습니다.

어려운 곡들은 아니니 편한 마음으로 즐겁게 연주하시길 바랍니다.

책이 나오기 까지 고생해주신 스코어 가족들과

마지막 악보 감수를 해준 김신실에게 감사드립니다.

▲ 1집 '그토록 추운 겨울'

▲ 2집 '양화대교'

▲ 3집 '수면제'

차례

그토록 추운 겨울이 지나면

Music by 태경

가난한 아버지는 말했다 우린 부자라고

Music by 태경

크리스마스에는

Music by 태경

♩ = 104

R.H

57

61

65

69

72

Nostalgia

Music by 태경

시소(SeeSaw)

Music by 태경

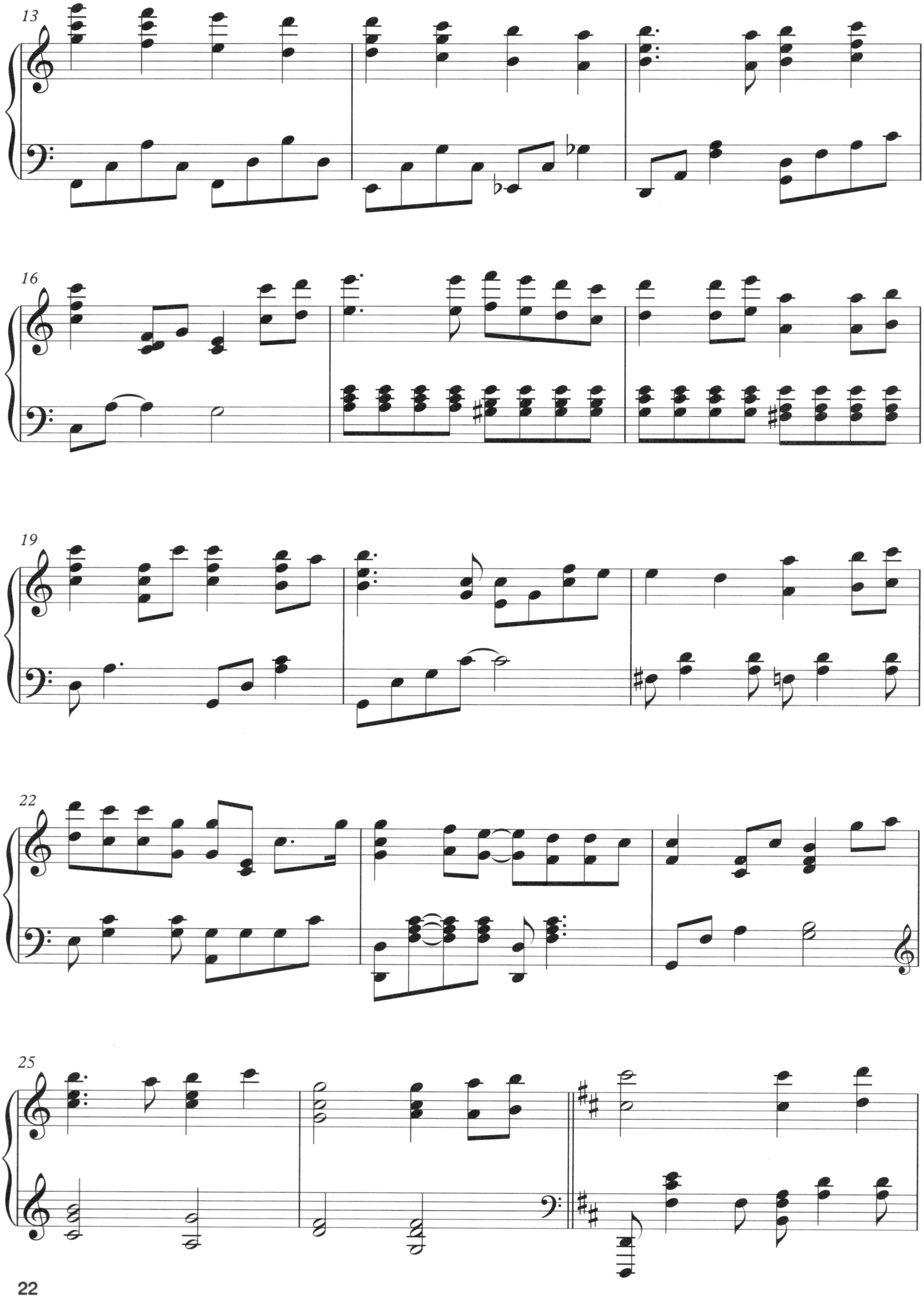

양화대교

Music by 태경

강촌가는 길

Music by 태경

그 길, 니 생각

Music by 태경

♩ = 70

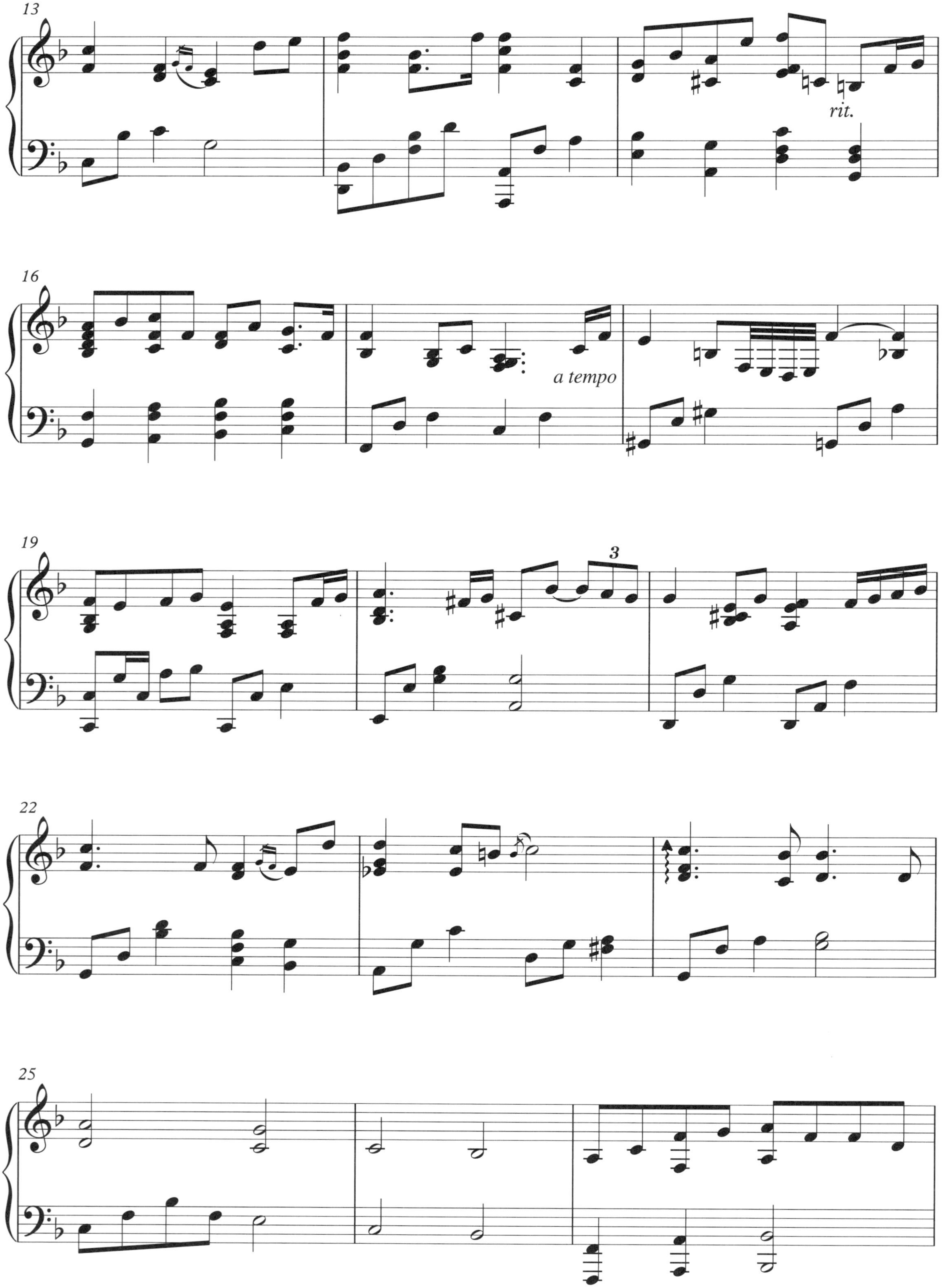
13
rit.
16
a tempo
19
3
22
25

남이섬에서는

Music by 태경

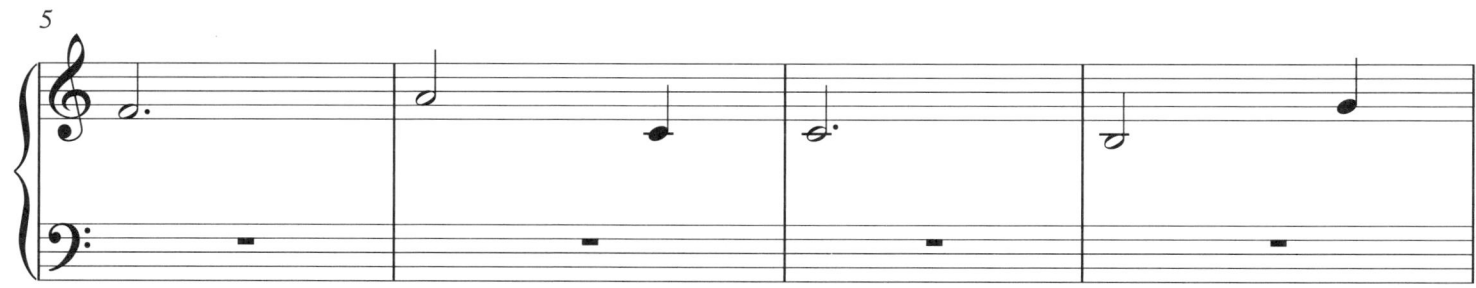

35

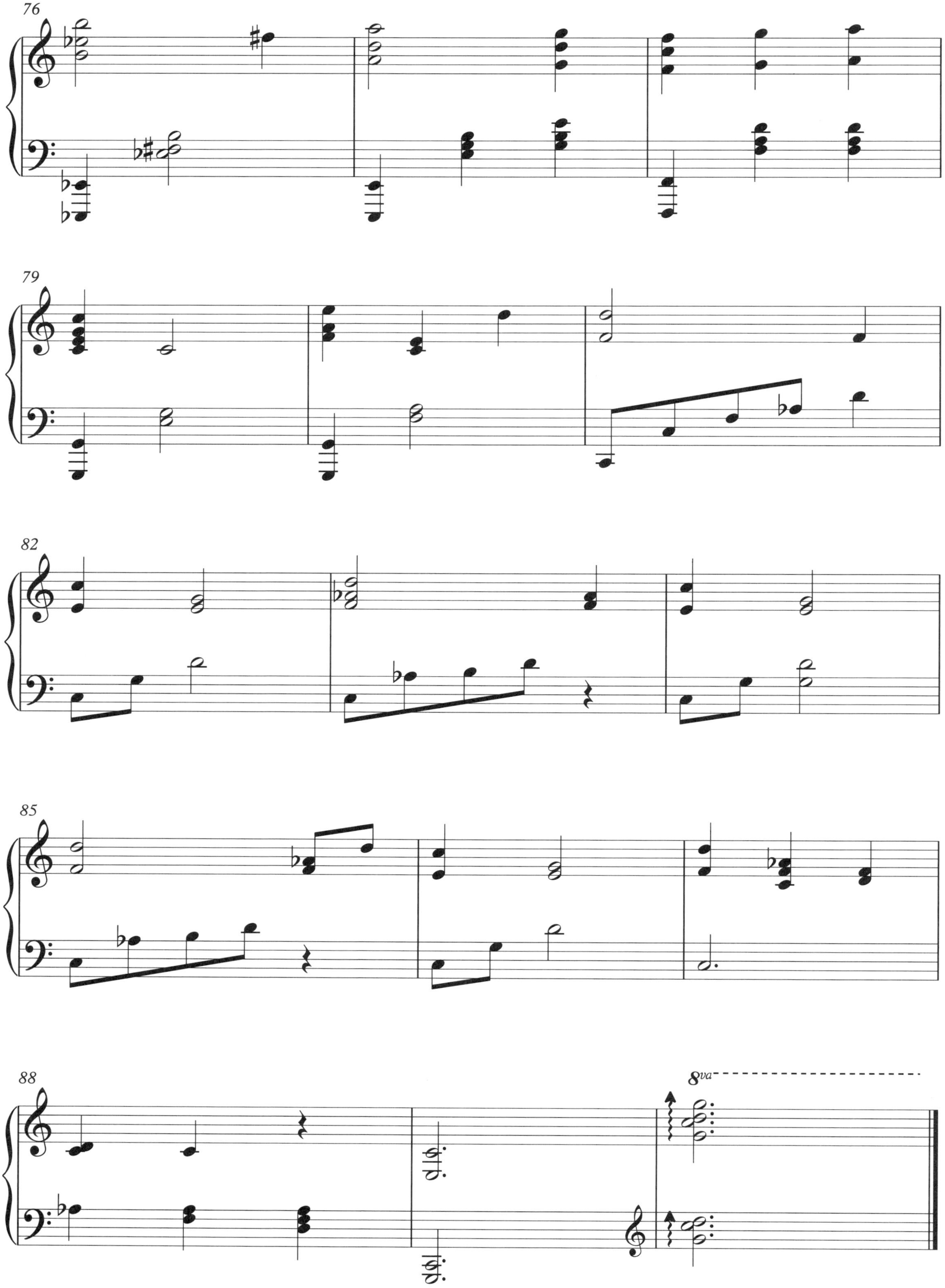

잠 못 이루는 밤

Music by 태경

$\quad$ = 60

41

영경이형(꿈꾸는 사람들)

Music by 태경

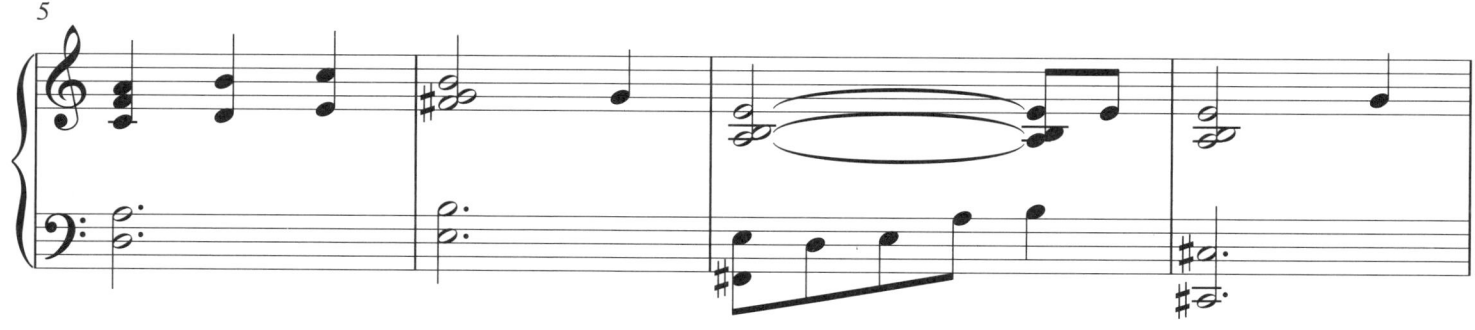

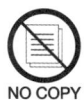

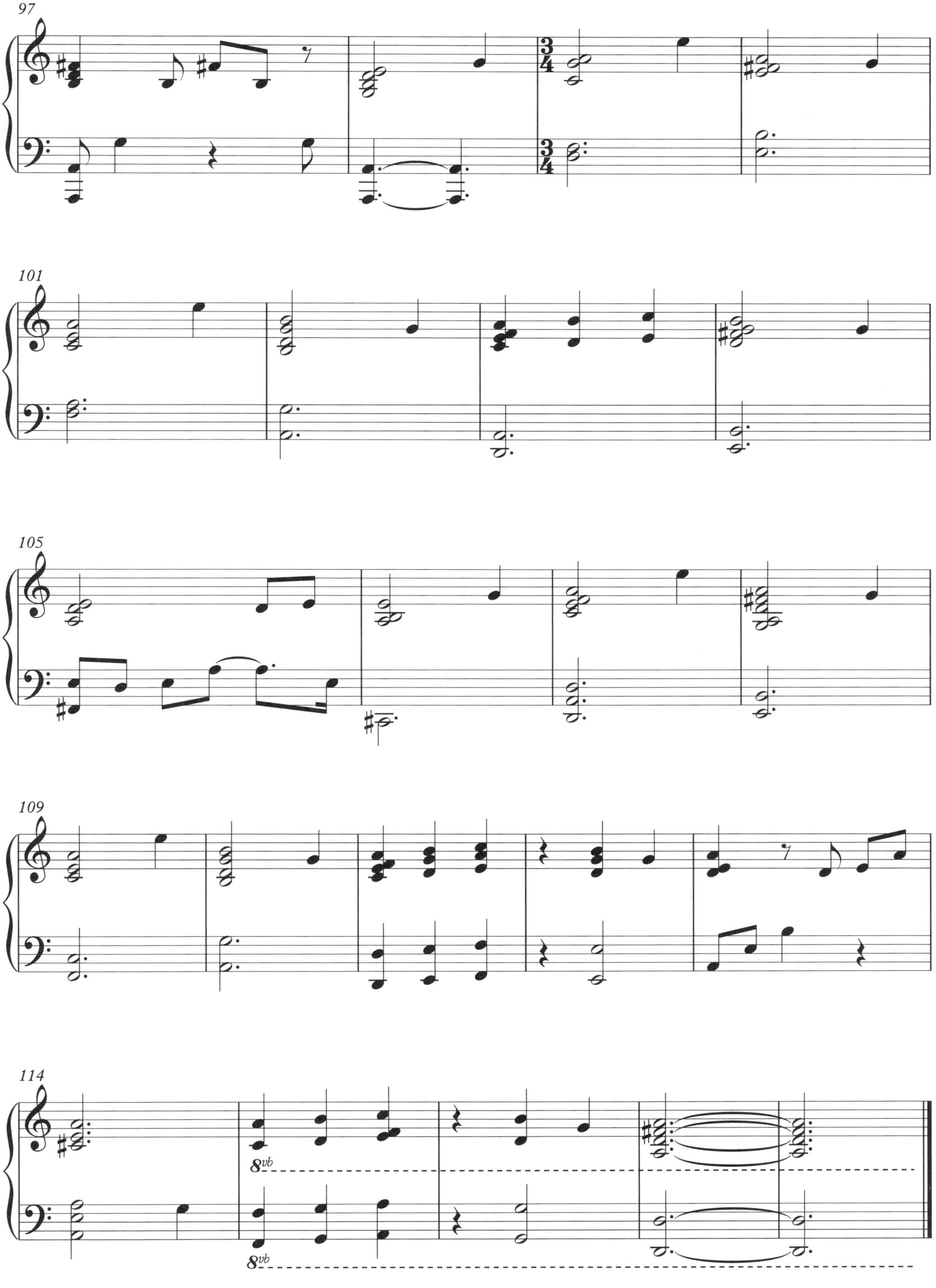
97
3
4
3
4
101
105
109
114
8vb
8vb

꿈에서 만나요

Music by 태경

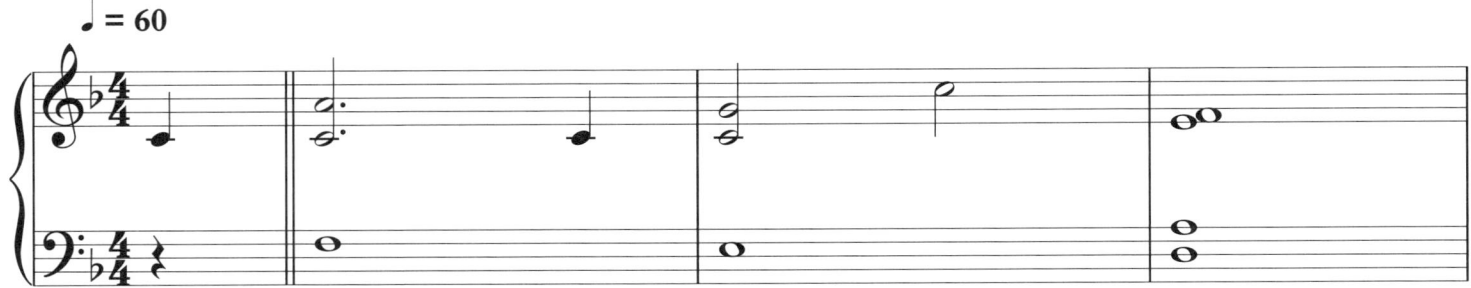

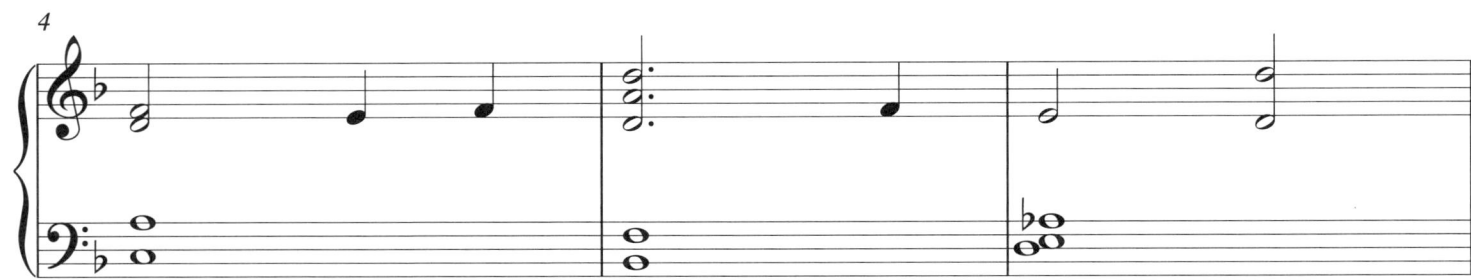

어두운 밤, 하얀눈

Music by 태경

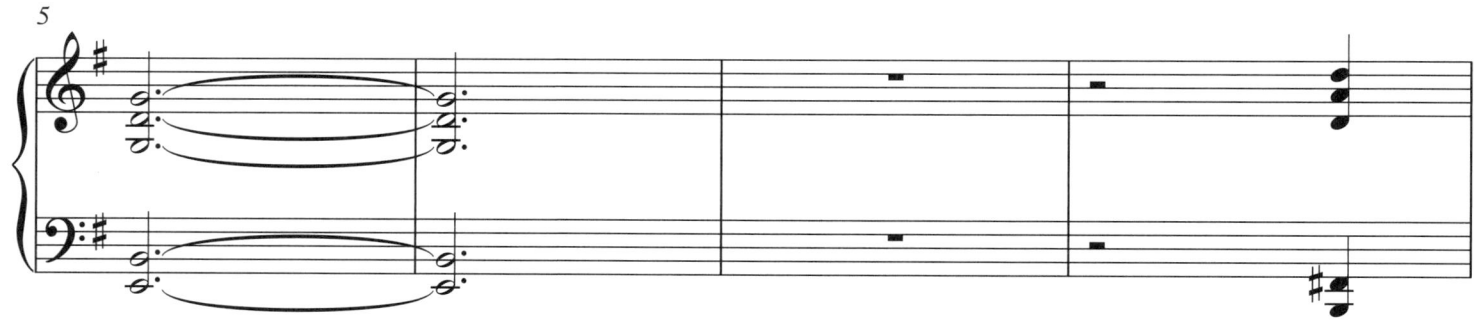

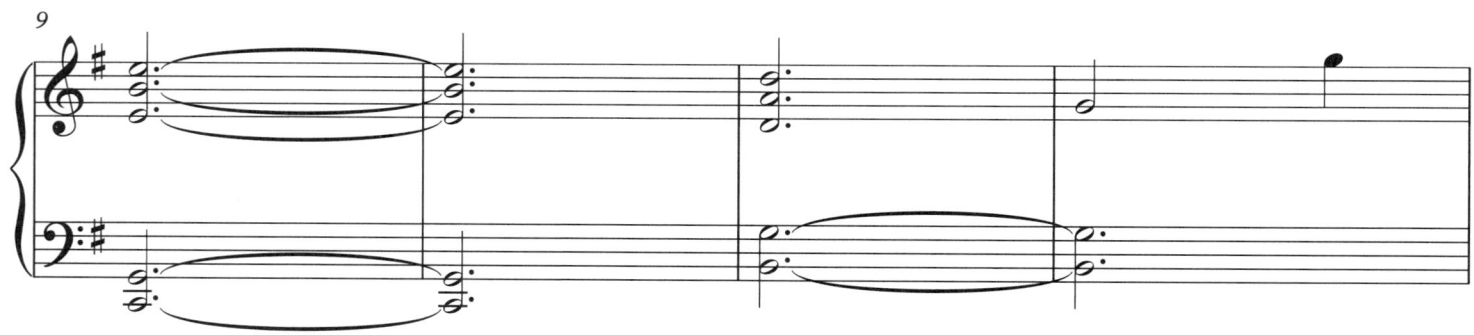

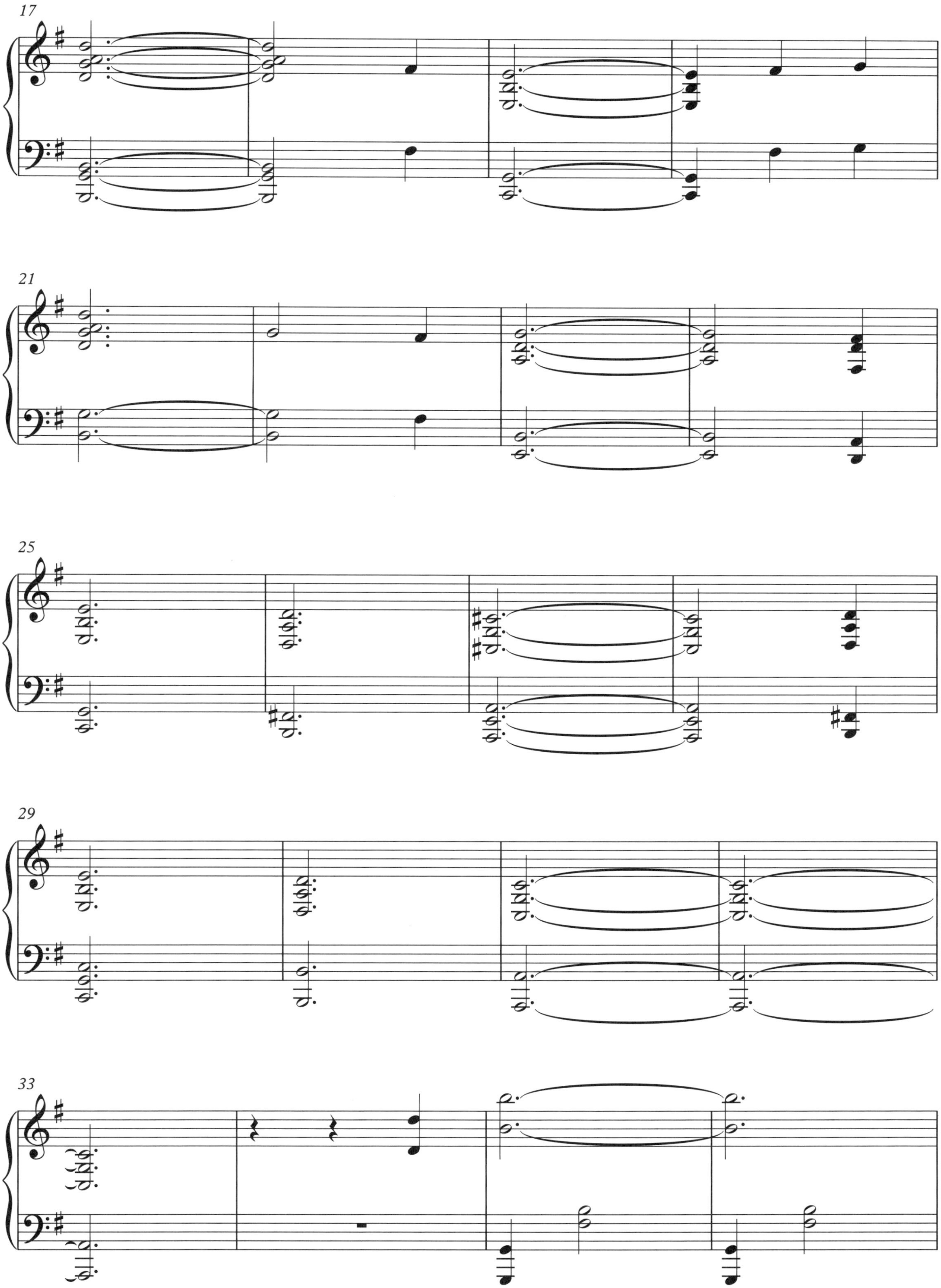

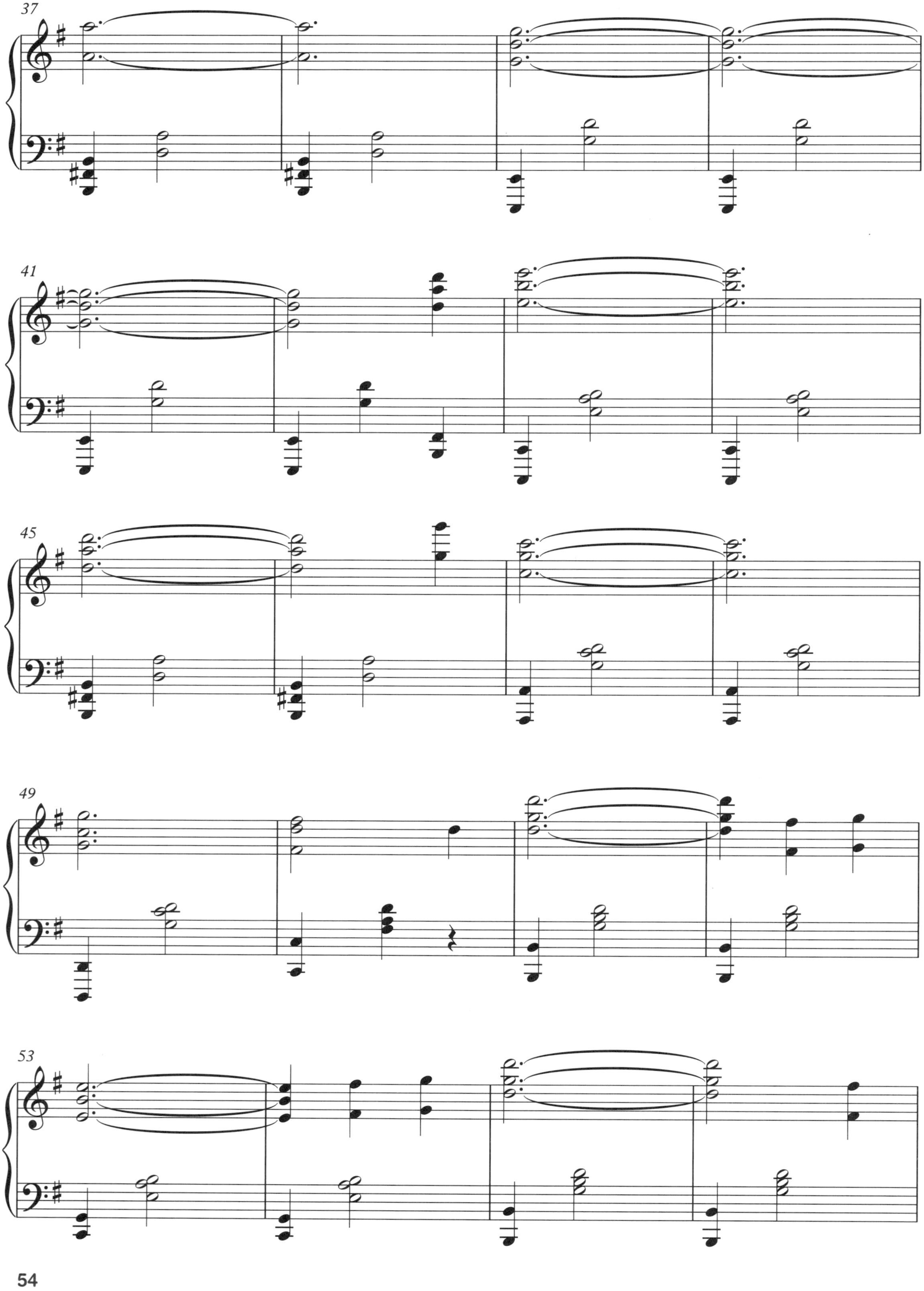

달과 구름의 이야기

Music by 태경

태경 WITH PIANO
뉴 에 이 지 레 퍼 토 리

1쇄 발행 2016년 1월 29일

편저자 양태경
편 집 유경아, 이상길
디자인 정민영, 김옥분
영 업 현석호
관 리 김정숙, 심슬기
발행인 최우진
발행처 (주)스코어
등편록 2012년 6월 7일 제313-2012-196호
I S B N 979-11-5780-056-8(13670)

주 소 서울시 마포구 동교로 13길 34(121-896)
전 화 02)333-3705
팩 스 02)333-3745
www.allmu.co.kr
www.openhousebooks.com